Paul Posener:

Grundriss

des gesamten

deutschen Rechts

in Einzelausgaben

5. Band:

Erbrecht

des

Bürgerlichen Gesetzbuches.

J. J. Heines Verlag.
Berlin.

Preis 90 Pf.

Grundriß

des gesamten

deutschen Rechts

in Einzelausgaben

von

Paul Posener.

5. Band.

Erbrecht

des Bürgerlichen Gesetzbuches.

Berlin 1900.

J. J. Heines Verlag.

Preis eines jeden Bandes, gebunden und mit Schreibpapier durchschossen, 90 Pfg.

1*

Abkürzungen

der geltenden Gesetze. (Die früheren Gesetze werden regelmäßig vollständig genannt.)

B = Bürgerliches Gesetzbuch.

C = Strafprozeßordnung. (C von Carolina!)

E = Einführungsgesetz zu —.

G = Gerichtsverfassungsgesetz.

H = Handelsgesetzbuch.

K = Konkursordnung.

L = Landesrecht.

M = Militär- —.

R V = Reichsverfassung.

S = Strafgesetzbuch.

V U = preußische Verfassungsurkunde.

W = Wechselordnung.

Z = Zivilprozeßordnung.

Die folgende Zahl giebt den Artikel oder Paragraphen an.

Vorwort.

Bei der Darstellung des Erbrechtes hat sich mehr als anderwärts die Notwendigkeit gezeigt, die geschichtliche Entwickelung in sich abgeschlossen vorzuführen und Einzelheiten von der zusammenhängenden Darlegung nur an wenigen Stellen abzuzweigen. Dies ist einmal durch die scharfe, folgerichtige Trennung der Bestandteile des Stoffes geboten: nicht minder aber scheint es zum anderen den Zwecken einer vornehmlich auf plastisches Erfassen gerichteten Bearbeitung des interessanten, aber gerade darum schwierigen Rechtsgebietes förderlich zu sein.

Mit diesem Bande meines Grundrisses ist die Entwickelung des im Bürgerlichen Gesetzbuche enthaltenen Rechtsstoffes beendet. In der ersten Abteilung, welche das gesamte bürgerliche Recht enthält, ist dieser Band der fünfte: 1. allgemeiner Teil, 2. Recht der Schuldverhältnisse, 3. Sachenrecht, 4. Familienrecht, 6. Handelsrecht, 7. Wechselrecht.

Es folgen in der zweiten, das öffentliche Recht umfassenden Abteilung: 8. Gerichtsverfassung, 9. Zivilprozeß, 10. Zwangsvollstreckung und Konkurs, 11. Staatsrecht und Verfassungsrecht, 12. Verwaltungsrecht, 13. Völkerrecht und internationales Recht, 14. Kirchenrecht, 15. Strafrecht, 16. Strafprozeß, 17. Militärrecht.

Die dritte Abteilung ist für die Darstellung der Rechtsgeschichte bestimmt: 18. Römische Rechtsgeschichte, 19. Deutsche Rechtsgeschichte, 20. Brandenburg-preußische Rechtsgeschichte.

Breslau VII, im Oktober 1900.

Posener.

Inhaltsverzeichnis.

Einleitung.

I. Fünftes Buch: „Erbrecht“ in neun Abschnitten.

1. Erbfolge B 1922 bis 1941.

2. Rechtliche Stellung des Erben, in vier Titeln: a. Annahme und Ausschlagung der Erbschaft, Fürsorge des Nachlaßgerichts B 1942 bis 1966; b. Haftung des Erben für die Nachlaßverbindlichkeiten, in fünf Unterabschnitten: Nachlaßverbindlichkeiten B 1967 bis 1969, Aufgebot der Nachlaßgläubiger B 1970 bis 1974, Beschränkung der Haftung des Erben B 1975 bis 1992, Inventarerrichtung, Unbeschränkte Haftung des Erben B 1933 bis 2013, Aufschiebende Einreden B 2014 bis 2017; c. Erbschaftsanspruch B 2018 bis 2031; d. Mehrheit von Erben, in zwei Unterabschnitten: Rechtsverhältnis der Erben unter einander B 2032 bis 2057, Rechtsverhältnis zwischen den Erben und den Nachlaßgläubigern B 2058 bis 2063.

3. Testament, in acht Titeln: a. Allgemeine Vorschriften B 2064 bis 2086; b. Erbeinsetzung B 2087 bis 2099; c. Einsetzung eines Nacherben B 2100 bis 2146; d. Vermächtnis B 2147 bis 2191; e. Auflage B 2192 bis 2196; f. Testamentsvollstrecker B 2197 bis 2228; g. Errichtung und Aufhebung eines Testaments B 2229 bis 2264; h. Gemeinschaftliches Testament B 2265 bis 2273.

4. Erbvertrag B 2274 bis 2302.

5. Pflichtteil B 2303 bis 2338.

6. Erbunwürdigkeit B 2339 bis 2345.

7. Erbverzicht B 2346 bis 2352.

8. Erbschein B 2353 bis 2370.

9. Erbschaftskauf B 2371 bis 2385.

II. „Erbrecht“ in zwei Bedeutungen: objektiv (Normen, welche die Nachfolge der Lebenden in die Rechte des Toten regeln), subjektiv (Berechtigung des einzelnen an einer Erbschaft). Erblasser — Erbe. Erbschaft ist der Inbegriff (Gesamtheit) von Rechten und Pflichten, deren Vererbung zulässig ist; also auch, wenn nur Schulden vorhanden sind: hereditatis appellatio sine dubio continet etiam damnosam hereditatem. [Aeltere naturr. Lehre: Untergang der Rechte mit Tod des Eigentümers ist das Natürliche, Erbrecht nur eine rein positive staatliche Einrichtung.] Wille des Erblassers über das Grab hinaus maßgebend durch Testament: neque enim aliud videtur solacium mortis quam voluntas ultra mortem. — Jeder Tote wird beerbt. — Prinzipien der Universal-, der Singularsuccession.

III. Besonders hervorzuheben: drei Berufungsgründe, Nachlaßkonkurs und Nachlaßverwaltung, unbeschränkte und beschränkte Haftung des Erben, holographisches Testament, Erbverzicht vom Erbvertrage getrennt, gesetzliche Erbfolge auf deutschrechtlicher Grundlage.

1. Kapitel:

Berufung zur Erbschaft.

§ 1. Vorbemerkungen.

I. Erbfall: „mit dem Tode einer Person" B 1922; — hereditas viventis non datur. — Todeserklärung. [Römisch: ius postliminii, übrigens nicht nur personal, sondern auch real, z. B. eine dem Feinde abgejagte Hammelherde.]

II. Erblasser: wer beerbt werden kann. Römisch unfähig: Hauskinder, Sklaven, Peregrinen; Justinian: Hauskinder können ab intestato beerbt werden. Gemäß nov. 5 c. 5, c 2 X 3,26 sind Religiose (Klosterpersonen) mit Profeßleistung unfähig, beerbt zu werden. — Nach B jeder Mensch passiv erbfähig; bei juristischen Personen keine Beerbung, vielmehr Beendigung und Vermögensanfall, vgl. Grundriß Band 1, S. 19 Nr. III; allerdings Fiskus (B 46) „als" gesetzlicher Erbe.

III. Erbe: wer beerben kann, aktive Erbfähigkeit. Römisch: nur römische Bürger, nicht Peregrinen; ferner nicht: Ketzer, Apostaten, Kinder von Hochverrätern, Witwe, welche Trauerjahr verletzt; Sklaven erwerben Erbschaft nur für Herrn; testamentarische Erbfähigkeit muß vorhanden sein zur Zeit der Testamentserrichtung, zur Zeit des Todes des Erblassers und von da bis zum Erwerbe. Zu unterscheiden Erbfähigkeit überhaupt (d. i. beim Testamente, als Erbe gültig eingesetzt zu werden) und Kapazität (Fähigkeit, aus bestimmtem Nachlasse etwas zu erwerben), incapaces z. B. orbi, caelibes nach der lex Papia Poppaea; Folge: caducum. — Nach B jede Person aktiv erbfähig, sowohl juristische als natürliche; Voraussetzung ist Koexistenz, d. h. der Erbe muß im Augenblicke des Erbfalles leben; aber: nasciturus pro iam nato habetur, dieselbe Präsumtion in B 1923_2; ähnlich für Stiftungen B 84, [embryo moralis. — Städel in Frankfurt am Main.]

IV. Berufung (Delation): die objektiven Thatsachen, die zum Erbschaftserwerbe erfordert werden (Dernburg); s. w. u. S. 18.

1. Abschnitt:

Gesetzliche Erbfolge.

§ 2. Römisches Intestaterbrecht.

I. Die Erbfolge nach Gesetz nur subsidiär in Rom, vgl. XII Tafeln V, 4: si intestato moritur. [Im I. Entw. des B. G. B. Testament vorangestellt, dagegen Gierke; jetzt gesetzliche Erbfolge voran.]

II. Drei Entwickelungsstufen.

1. XII Tafeln haben Prinzip der Agnation, drei Klassen von Intestaterben: a. sui, Hauskinder des Erblassers unter dessen potestas, auch die „künstlichen" sui, ferner Ehefrau in der manus; — b. wenn keine sui da waren, also nicht etwa neben ihnen, erbte agnatus proximus; — c. ist kein Agnat da, dann gentiles. — In legitimis hereditatibus successio non est.

2. Bonorum possessio durch den Prätor (adiuvandi, corrigendi, supplendi iuris civilis gratia!): Berücksichtigung der Kognation; vier Klassen: a. unde liberi, das sind die sui und diejenigen Descendenten, welche wegen capitis deminutio minima nicht mehr sui sind (z. B. emanzipierte Kinder des Erblassers); hier noch Agnationsprinzip; [Julian: nova clausula de conjungendis cum emancipato liberis ejus.]; — b. unde legitimi, die gesetzlichen Erben der XII Tafeln; die sui insbesondere haben so nochmals Frist zur Agnoscierung der bonorum possessio; — c. unde cognati, Blutsverwandten des Erblassers bis zum 6. Grade und aus dem 7. Grade sobrino et sobrina natus et nata (Kinder von Nachgeschwisterkindern); — d. unde viret uxor, der überlebende Ehegatte. — Successive Berufung statthaft.

3. Reformen bis zu Justinian; insbesondere um die Mutter zu ihren Kindern in erbrechtliche Beziehung zu bringen; dies erforderlich, denn Mutter nur dann agnatisch, wenn in manu des Mannes, sonst mit ihren Kindern bloß kognatisch verwandt, agnatisch aber nur mit ihrer Stammfamilie (femina

semper finis familiae). a. SC. Tertullianum (Hadrian) giebt der Mutter mit ius liberorum Erbrecht gegen ihr Kind, wenn dieses keinen Agnaten (außer einer consanguinea, agnatische Schwester) hinterläßt; — b. SC. Orfitianum (Mark Aurel): Kinder beerben Mutter in erster Reihe, Kognationsprinzip; — c. Valentinian, Theodosius und Arkadius: Enkel beerben alle Großeltern (nicht nur den väterlichen Großvater), aber Abzüge für Agnaten; — d. Konstantin: wie zu a, auch wenn kein ius liberorum; e. Anastasius: emanzipierte Geschwister des Erblassers erben neben agnatischen (letztere erhalten aber ein praecipuum, beseitigt von Justinian).

4. Justinian reformiert in nov. 118 (a. 543) und nov. 127 (a. 547). — [Memorialverse eines Unbekannten in vier Zeilen: Descendens omnis succedit in ordine primo. — Ascendens proprior, germanus, filius ejus. — Tunc latere ex uno frater, quoque filius ejus. — Denique proximior reliquorum quisque superstes.] Gradualerbfolge; keine Bevorzugung des Mannesstammes; unbeschränkt successive Berufung. — Vier Klassen:

1. Descendenten, Söhne, Töchter, Enkel, Urenkel (sowohl männlich als weiblich); entferntere Descendenten (deren parens fortgefallen ist) neben näheren aus eigenem Rechte (so Dernburg; anders Repräsentationsrecht, welches auch in code civil a. 739, 745 aufgenommen ist; Repräsentationsrecht galt durch Freiburger Reichsabschied von 1498 auch für Tochterkinder.)

2. Nächster Ascendent (also nicht Vater neben Großvater), vollbürtige Geschwister (falls diese fortfallen: deren Kinder ersten Grades). Folgende Möglichkeiten: a. nur vorhanden gleich nahe Ascendenten, dann Teilung nach Linien; b. vorhanden Ascendenten und Geschwister, dann Teilung nach Köpfen; c. vorhanden nur Geschwister, dann Teilung nach Köpfen; d. neben Ascendenten oder Geschwistern noch Geschwisterkinder, dann für letztere Stammteil ihres Parens; e. nur vorhanden Neffen und Nichten, von verschiedenen Geschwistern abstammend, dann: Teilung nach Köpfen (Reichsabschied von Speier 1529 nahm diese Ansicht des Azo an, während Accursius Teilung nach Stämmen wollte.)

3. Halbbürtige Geschwister und deren Kinder.

4. Alle übrigen Seitenverwandten; der entfernteste Kognat schließt den Ehegatten aus.

§ 3. Deutsche Rechte.

I. Aeltestes Recht wie o. S. 3 Nr. II 1: Kinder in der Were erben ohne weiteres (ohne Erwerb), andere durch Besitzergreifung („Anfertigung"; Behrend). — Männer gehen den Weibern vor. — Fallrecht. Paterna paternis, materna maternis oder: Erbgut geht den Weg, daher es gekommen.

II. Später Parentelenordnung (Majer, Brunner, Gierke, Kohler; dagegen von Amira, Siegel.) Parentel: die Parabel, in deren Scheitel der gemeinsame Stammvater steht; jeder männliche Ascendent des Erblassers bildet den Ausgangspunkt einer neuen Parentel. Erbberechtigt: wer mit Erblasser in nächster Parentel; ausgeschlossen die Verwandten weiterer Parentelen (ohne Rücksicht auf Grad); innerhalb der Parentel entscheidet im allgemeinen Gradesnähe. — Parentelenordnung im Sachsenspiegel.

1. Erste Parentel: Kinder des Erblassers und Kindeskinder (Repräsentationsrecht); bei Abschichtung von Kindern (vgl. Grundriß Band 4 S. 7) haben diese keine Ansprüche gegenüber Erblasser und den gleichberechtigten Erben, wohl aber gegenüber Ferneren.

2. Zweite Parentel: a. älteres Recht; zuerst Vater, ist er tot, dann Mutter (Schoßfallrecht: Kind fällt wieder in der Mutter Schoß); sind beide Eltern aber tot, dann Bruder und Schwester; b. später: Vater und Mutter gleichgestellt; c. nach Rezeption: Eltern gemeinsam mit Geschwistern; [vollbürtige Geschwister erben mit beiden Händen (Vater- und Mutterseite), halbbürtige mit einer Hand.]

3. Geschwisterkinder vor Großeltern und den anderen Verwandten der dritten Parentel. [Nach einzelnen Rechten aber ist der Grad überhaupt entscheidend.]

III. Nach A. L. R. II 2, 271 bis 520:

1. Descendenten ohne Rücksicht auf Gradesnähe und Ehegatte (dieser erhält Kopfteil, aber höchstens $^1/_4$).

2. Vater, Mutter, sowie Ehegatte (nur $^1/_3$, auch wenn nur ein parens).

3. Vollbürtige Geschwister (nach Kopfteilen), Descendenten verstorbener vollbürtiger Geschwister (nach Linien), Ehegatte.

4. Halbbürtige Geschwister, ev. deren Descendenz, entferntere Ascendenten, Ehegatte.

5. Alle übrigen Verwandten bis zum 6. Grade, der Ehegatte.

6. Ehegatte allein.

§ 4. Geltendes Recht.

I. Parentelenordnung; Prinzip der Blutverwandtschaft; günstige Stellung des Ehegatten. — [Ist kein Erbe da, dann Fiskus gesetzlicher Erbe B 1936.]

II. Die Ordnungen:

1. Erste Ordnung: eheliche Abkömmlinge, (bei Mutter auch uneheliche); alle ohne Unterschied des Grades; entferntere (z. B. Enkel) treten in den Grad des parens (also hier des Sohnes des Erblassers) ein, nicht nur, wenn dieser verstorben ist, sondern auch, wenn er — zwar lebend — aus irgend einem Grunde, z. B. Ausschlagung, Erbunwürdigkeit, nicht erbt; Verzicht des parens gilt aber für seinen Stamm; Kinder nach Kopfteilen, Enkel nach Stämmen; aber kein Erbrecht der verwitweten Schwiegertochter gegen Schwiegereltern. — Neben den Abkömmlingen erhält der Ehegatte immer $1/4$; die Ehe muß aber gültig bis zum Erbfall gedauert haben.

2. Zweite Ordnung: Eltern und deren Abkömmlinge; und zwar: sind nur Eltern vorhanden, dann diese alles; für die fortgefallenen Eltern deren Abkömmlinge, als ob sie die Eltern beerben, daher Vollbürtigkeit und Halbbürtigkeit von Unterschied! Die Geschwister des Erblassers erben also eigentlich nicht als solche, sondern als Kinder der Eltern des Erblassers. Keine Grenze der Abkömmlinge: also Geschwister des Erblassers, Geschwisterkinder, Geschwisterenkel rc. des Erblassers beerben dessen Eltern analog wie zu 1; [römisch hörte bereits bei der zweiten Klasse auf.] — Neben der zweiten Ordnung erhält der Ehegatte die Hälfte.

3. Dritte Ordnung: Großeltern und deren Abkömmlinge; Abkömmlinge wiederum nur für die ausfallenden Großeltern (fällt einer weg, dann erben an seiner Stelle seine Abkömmlinge, die anderen Großeltern aber natürlich bleiben Erben). Hervorzuheben: väterliche Linie (Eltern des Vaters des Erblassers) und mütterliche Linie sind zu scheiden, es wird so lange in derselben Linie geerbt, bis niemand mehr da ist; erst dann, wenn in der einen Linie gar kein Erbe ist, geht der ganze Nachlaß auf die andere Linie über. — Hier der Ehegatte

außerordentlich bevorzugt: Ehegatte erhält die eine Hälfte, die Großeltern insgesamt die andere Hälfte, die Abkömmlinge vorerst garnichts; soweit Großeltern wegfallen, kommen noch nicht deren Abkömmlinge, sondern der Ehegatte: Ehegatte gilt als Substitut aller Großeltern. Ehegatte schließt also alle Abkömmlinge der dritten Ordnung aus, es giebt auch keine Anwachsung zu Gunsten der anderen Linie gegenüber dem Ehegatten.

Alle folgenden Ordnungen werden durch den Ehegatten ausgeschlossen; nur wenn Ehegatte nicht erbt, kommen:

4. Vierte Ordnung: zuerst alle Urgroßeltern, erben ohne Rücksicht auf Linien nach Kopfteilen; kein Eintrittsrecht der Abkömmlinge, so lange einer der Urgroßeltern erbt, kommt kein Abkömmling in Betracht. Sind aber alle Urgroßeltern weggefallen, dann kommt der nächste Verwandte des Erblassers nach dem Grade; gleich nahe Verwandte erben zu gleichen Teilen.

5. Fünfte und weitere Ordnungen ohne jede Grenze: der dem Grade nach nächste Verwandte des Erblassers schließt alle weiteren aus.

[Stellung des Ehegatten: B 1932 bis 1934! Voraus, (Schiffner: gesetzliches Vermächtnis.)]

§ 5. Veränderung der Erbteile.

I. Römisch. a. ius civile: in legitimis hereditatibus successio non est, nur eine einmalige Delation. — b. Prätor giebt edictum successorium, Fristen für Nachsuchung der Einweisung in den Erbschaftsbesitz. — c. Justinian: successio ordinum et graduum so lange, bis ein Erbe gefunden ist.

Prinzipiell soll die Erbschaft als ein Ganzes übergehen, Universalsuccession, nur thatsächlich, wenn eben mehrere Erben vorhanden, Quoten: totam hereditatem et tota legata singulis data esse, partes autem concursu fieri D 32,80. — Fällt einer von mehreren weg, dann das Ganze notwendig an den übrigbleibenden Erben (ius accrescendi ist ein ius non decrescendi). Einheit der Delation: nemo pro parte testatus (testamentarische Erbfolge) pro parte intestatus (gesetzliche oder Intestaterbfolge) decedere potest.

II. Nach B 1949 und 1951 keine einheitliche Berufung mehr: Erbschaft kann also zum Teil von den gesetzlichen Erben, zum Teil von den Erben durch Verfügung von Todeswegen erworben werden.

1. Anwachsung bei Verfügung von Todeswegen durch besondere Anordnung (Verbindung oder gemeinschaftliche Einsetzung), kein gesetzliches Anwachsungsrecht.

2. Erhöhung bei der gesetzlichen Erbfolge als Erhöhung der gesetzlichen Erbteile.

2. Abschnitt:

Testament.

§ 6. Geschichtliche Entwickelung.

I. In ältester römischer Zeit kein Privattestament gegenüber der rein-gesetzlichen Erbfolge (diese indogermanische Auffassung auch im älteren griechischen Rechte). Testament nur durch Gesetz der Kuriatkomitien möglich: testamentum calatis comitiis; (damit zugleich Arrogation des erwählten Erben). Das andere öffentliche Testament für Soldaten vor dem Heere: testamentum in procinctu.

II. Zwölf Tafeln: volle Testierfreiheit; uti legassit super pecunia tutelave suae rei, ita ius esto. — Gaius II, 229; testamenta vim ex institutione heredis accipiunt, et ob id velut caput et fundamentum intellegitur totius testamenti heredis institutio; Testament muß Einsetzung enthalten; Einsetzung gilt nur, wenn sie in imperativer Form (heres esto) an den Anfang gestellt wird; — später reicht Nennung im Testamente überhaupt zu gültiger Einsetzung aus. — Form des Privattestamentes: testamentum per aes et libram, Manzipationstestament, Erblasser verkauft dem familiae emptor den Nachlaß, so daß der emptor formal Erbe wird, aber durch nuncupatio zur Herausgabe an Dritte verbunden. — Später familiae emptor nicht mehr Erbe, sondern Zeuge; zum Erben wird ein anderer ernannt; Testament schriftlich aufgesetzt und bei der Manzipation lediglich durch nuncupatio bekräftigt: „haec ita et in his tabulis cerisque scripta sunt ita do, ita lego, ita testor itaque vos, Quirites, testimonium mihi perhibetote."

III. Prätorisches Testament: Prätor versprach bonorum possessio secundum tabulas testamenti, wenn der Nachsuchende als Erbe durch eine von 7 Zeugen besiegelte Testamentsurkunde prima facie legitimiert war; allerdings sine re gegen den zivilen Intestaterben. Indes durch Antoninus Pius wird bonorum possessor gegen den Intestaterben geschützt.

IV. Ordentliches Privattestament: vor 7 Zeugen, Verschmelzung der Formen zu II und III durch Theodosius II. 439; — daneben testamentum principi oblatum und apud acta conditum. — Durch Valentinian III. 466 holographisches (eigenhändig geschrieben, ohne Zeugen) Testament gültig.

V. Justinian und gemeinr. (Notariatsordnung Maximilians I.): ordentliches Privattestament vor 7 männlichen, mündigen, fähigen (!) Zeugen, welche rogiert (besonders aufgefordert) sein müssen; [D 28, 1, 27: Domitius Labeo (nicht etwa M. Antistius Labeo) fragt den Juventius Celsus an, ob der zur Zeugnisablegung doch nicht rogierte Testamentsschreiber dennoch Zeuge sein dürfe. Celsus faßte die Frage in ihrer unklaren Fassung so auf, ob überhaupt ein Testamentsschreiber Zeuge sein dürfe, und bejahte dies nicht eben zart; daher quaestio Domitiana dumme Frage, responsum Celsinum grobe Antwort.] Verlangt wird unitas actus, Unterbrechung indes durch Kommodat des Siegels (ein Zeuge leiht beim andern das Siegel) statthaft. — Zwei Arten:

a. testamentum nuncupativum, mündlich; ev. zu Beweiszwecken testamentum nuncupativum in scripturam redactum;

b. schriftlich, vom Testator (holographum) oder vom testamentarius (allographum) geschrieben; bei holographum Unterschrift nicht nötig (dies nicht etwa das zu III genannte holographische Testament ohne Zeugen; ein solches zu Justinian's Zeit unbekannt). Erblasser muß Testament vor den Zeugen anerkennen und beim allographum unterschreiben; falls er nicht schreiben kann, dann ein octavus subscriptor zuzuziehen. Zeugen müssen subscribere, damit sie vor Eröffnung die Siegel rekognoszieren). — [Ueber Kodizille s. w. u. S. 29.]

Außer dem Privattestamente gemeinr. am häufigsten gerichtliches Testament: a. mündlich, zu Protokoll des Richters; b. durch Uebergabe einer offenen oder geschlossenen Schrift und Protokollierung des Uebergabeaktes, testamentum iudici oblatum. Partikularr. vor Gericht oder Notar, vereinzelt (z. B. Frankfurt am Main) vor dem Rate der Stadt.

IV. Deutschr. Testamente unbekannt; kanon. Errichtung coram presbytero et tribus vel duobus aliis personis idoneis. Durch den Einfluß der Kirche haben sich neben den Erbverträgen [und zwar aus dem römischen Rechte, so Beseler, Siegel; nach Albrecht: aus den Erbverträgen] Testamente entwickelt, welche vor der Rezeption nur Vermächtnisse, nicht Universalsuccessionen anordneten; Kirche lehrte, Erfüllung solcher Vermächtnisse sei Gewissenspflicht, sie dienen zum Seelenheile, pro salute animae defuncti, Seelgeräte.

§ 7. Begriff und Inhalt.

I. Nach B 1937 (im Gegensatze zu B 1941) ist Testament eine einseitige Verfügung von Todeswegen, eine „letztwillige Verfügung". — [Verfügungen von Todeswegen zerfallen in a. Testamente oder letztwillige Verfügungen, b. Erbverträge.]

II. Testament ist frei widerruflich, vgl. D 34, 4, 4: ambulatoria est voluntas defuncti usque ad vitae supremum exitum; aber nur Wille des Erblassers selbst, nicht Willkür anderer Personen B 2065. Auslegung des Richters soll daher den wahren Willen des Erblassers erforschen.

III. Inhalt des Testamentes braucht nicht (wie römisch) die Ernennung eines Erben sein.

1. Einsetzung des Erben muß bestimmt, ernst, vollständig sein; indirekte Bezeichnung (wenn mein Sohn Karl mich nicht überlebt, soll mein Vetter Gustav Erbe sein) kann ausreichen; [aber römisch: positus in condicione non est positus in dispositione.] Falsa demonstratio non nocet, sofern Wille bestimmt erkennbar. Bezeichnung „Erbe" belanglos. Vorbehalt einer Ergänzung zwei Möglichkeiten: a. Wille des Erblassers, Testament nur wirksam, wenn Ergänzung folgt, dann bei deren Unterbleiben Nichtigkeit, b. sonst nach B 2086 Wirksamkeit. — Testator bezeichnet einen Erben, aber Bezeichnung paßt auf mehrere [keineswegs aber: auf viele] Leute (z. B. mein Neffe Fritz, Herr Karl Müller), dann nach B 2073 gleiche Teile, wenn nicht genau zu ermitteln. — Streitig, wenn ille aut ille eingesetzt ist, d. h. zwei genau benannte Personen unter ungenauer Angabe, welcher von ihnen der allein eingesetzte Erbe sein soll. Im B keine Entscheidung; nach Justinian (C 6, 38, 4) konjunktive Einsetzung d. i. Kumulationstheorie: ille et ille; Substitutionstheorie; der zweite Erbe soll Substitut des ersten sein; Präventions- (Okkupations-)theorie: wer von beiden sich zuerst meldet (Dernburg); Ademtionstheorie: erste Einsetzung wird durch die

zweite aufgehoben; Nullitätstheorie: zu ungenaue Ernennung, daher nichtig. — Im übrigen B 2066 bis 2073.

2. **Miterben.** [Römisch: heres ex asse Alleinerbe, sonst der as (Nachlaß) in 12 unciae; hat der Erblasser mehr als 12 Zwölftel verteilt, dann: ex asse fit dupondium, ev. tripondium und entsprechende faktische Reduktion. Zu unterscheiden heredes cum und sine partibus scripti. — Conjunctio re tantum, re et verbis, verbis tantum.] B 2088, 2091 bis 2094. Erblasser braucht nur über einen Teil zu verfügen, dann für den Rest gesetzliche Erbfolge. — Sind Miterben ohne Angabe von Teilen ernannt, dann nach Köpfen. Sind Miterben nach Gruppen eingesetzt, dann Anteile auf die Gruppen zu verteilen; [z. B. Erben sollen sein meine Frau Elisabeth und mein Neffe Martin, welcher sich mit seinem Bruder Hans in sein Erbteil teilen soll; dann Elisabeth $^1/_2$, Martin und Hans je $^1/_4$; — anders, wenn es hieße: „welche mit Hans den Nachlaß teilen sollen", dann jeder $^1/_3$.] Bei **Ungenauigkeit** des Erblassers, der aber nicht zur Ergänzung etwa die gesetzliche Erbfolge heranziehen wollte B 2089, ist entweder a. zu **erhöhen**, z. B. zwei Erben, der eine auf $^1/_4$, der andere auf $^1/_3$ angesetzt, beide Brüche werden auf gemeinsamen Nenner gebracht, $^3/_{12}$ und $^4/_{12}$, der neue Nenner der richtigen Erbteile wird durch Addition der Zähler gefunden ($3+4 = 7$) und anstelle des gemeinsamen Nenners (12) gesetzt, also Erbteile $^3/_7$ und $^4/_7$; — b. zu **vermindern**, z. B. vier Erben, $^1/_2$ $^1/_3$, $^1/_4$, $^1/_6$, gemeinsam: $^6/_{12}$, $^4/_{12}$, $^3/_{12}$, $^2/_{12}$, daher: $^6/_{15}$, $^4/_{15}$, $^3/_{15}$, $^2/_{15}$; der Fall b trifft auch zu, wenn ein Erbe auf das Ganze, andere zu Bruchteilen berufen sind, dann gilt das Ganze als $^1/_1$ bezw. $^2/_2$ rc. — **Verschiedenartigkeit** der Einsetzung, wenn einzelne auf Bruchteile, andere ohne Bruchteile eingesetzt sind: a. Bruchteile erschöpfen Nachlaß **nicht**, z. B. zwei Erben auf $^1/_2$ und $^1/_4$, drei weitere ohne Angabe, dann erhalten die drei je $^1/_{12}$; b. Bruchteile **erschöpfen** den Nachlaß, z. B. drei Erben auf $^1/_2$, $^2/_3$, $^1/_5$, ferner zwei weitere ohne Angabe, dann für die drei gemeinsam: $^{15}/_{30}$, $^{20}/_{30}$, $^6/_{30}$, und für die zwei $^1/_{30}$ und $^1/_{30}$, nun Reduktion der jetzt fünf Erbteile (wie w. o. bei b. Verminderung), daher: $^{15}/_{43}$, $^{20}/_{43}$, $^6/_{43}$, $^1/_{43}$, $^1/_{43}$.

3. **Ersatzerbe.** [Römisch: Vulgarsubstitution für gewöhnlich, Pupillarsubstitution in dem Testamente des pater familias für sein Kind, falls es als impubes versterbe, Einsetzung des

Substituten. Berühmt ist causa Curiana a. u. c. 661 darüber, ob in Pupillar- auch Vulgarsubstitution enthalten sei. Römisch Substitutionen sehr nötig, z. B. testamentum Dasumii 6 Berufungen, weil Nichterworbenes nicht akkreszierte, vielmehr Kaduzität eintrat.] Im B 2096 Ersatzerbe, nur eine Art, eingesetzt für den Fall, daß ein Erbe vor oder nach dem Erbfalle wegfällt: vor z. B. durch nichtige Einsetzung, nach z. B. durch Tod oder Unwürdigkeit oder Ausschlagung. Erwerb des Ersatzerben nur möglich, wenn der Ersteingesetzte nicht erworben hat, denn sonst dessen Erben. Erwerb des Ersatzerben hat rückwirkende Kraft B 1953_2, 2344_2. Daher Einsetzung eines Ersatzerben nur condicio iuris, nicht Suspensivbedingung, wie römischr. Bei mehreren nacheinander gilt: substitutus substituto est substitutus instituto.

4. Einsetzung unter Bedingung. [D 35, 1, 19 pr.: in condicionibus primum locum voluntas defuncti obtinet, eaque regit condiciones; D 35, 1, 101 pr. — Prätor giebt dem unter Suspensivbedingung Berufenen provisorisch bonorum possessio, verlangt für den Fall des Nichteintritts der Bedingung Kaution. Resolutivbedingung gilt nicht mehr, wenn Erbe angetreten, semel heres semper heres; unmögliche oder unsittliche Bedingungen gelten nach Sabinianern und Justinian als nicht geschrieben, während Prokulianer (nach Hofmann) bei Legaten Nichtigkeit annehmen.] — Vor allem Sorge dafür, daß keine hereditas iacens, sondern daß immer ein Erbe da ist; hat Erblasser selbst die Alternative auszufüllen unterlassen, dann gesetzliche Erbfolge bei Suspensivbedingung als Vorerbschaft, bei Resolutivbedingung als Nacherbschaft:

a. aufschiebend: Vorerbe der vom Erblasser hierzu Benannte oder die gesetzlichen Erben, Nacherbe der bedingt Eingesetzte. Erfüllt sich die Bedingung, dann geht die Erbschaft auf den Nacherben über; der Anfall geht aber nur dann auf den Nacherben, wenn er im Augenblicke der Erfüllung der Bedingung Erbe sein kann B 2074, also keine transmissio; [zwei Möglichkeiten der Suspensivbedingung: α. mein Neffe Martin soll Erben werden, wenn er Assessor sein wird; β. derjenige meiner beiden Neffen soll Erben werden, welcher zuerst Assessor sein wird];

b. auflösend: Vorerbe der bedingt Eingesetzte, Nacherbe der vom Erblasser hierzu Benannte oder die gesetzlichen Erben.

Vorerbe wird sofort Erbe, aber bei Eintritt der Bedingung Anfall unmittelbar an den Nacherben (auch hier wie zu a, vgl. B 2104).

Unsittliche und unerlaubte Bedingungen vernichten die letztwillige Verfügung, (anders römischr.). — Ist Bedingung unmöglich, dann ebenfalls vernichtend, (römisch gilt als nicht geschrieben); aber gesetzliche Fiktion: „Bedingung gilt als eingetreten“ [perinde habeatur, ac si impleta condicio fi usset] B 162, 2076, z. B. Karl soll erben, wenn er den Emil als Sekretär nimmt; Emil will aber nicht; — aber anders, wenn Erblasser nur überhaupt einen Erfolg, z. B. Verheiratung wollte, z. B. Karl soll erben, wenn er die Emilie heiratet; meinte Erblasser, Karl soll überhaupt heiraten, z. B. die Emilie, dann genügt jede Heirat. — Bei negativer Potestativbedingung, die eigentlich erst mit dem Tode des bedingt Eingesetzten ganz erfüllt ist, [römisch: cautio Muciana] ist billig eine Resolutivbedingung B 2075 angenommen und keine Kaution verlangt; z. B. mein Neffe soll erben, wenn er nicht nach Breslau zieht, oder: meine Tochter soll erben, wenn sie nicht heiratet.

5. Erbeinsetzung unter Anfangstermin oder Endtermin entsprechend der Bedingung, vgl. Grundriß Band 1, S. 29, Nr. II.

6. Insbesondere Rechtsverhältnisse der Vor- und Nacherben.

a. Beim Tode des Erblassers Anfall an Vorerben; [Endemann: Vorerbe muß „schon und noch“ (!!) leben; Nacherbe gemäß B 2108, 1923 Voranfall (Strohal), d. h. vererbliche Anwartschaft, wenn er nach Erbfall stirbt und die Vererbung der Anwartschaft dem Willen des Erblassers zu entsprechen scheint. Bei Eintritt der Nacherbfolge Anfall an Nacherben. Mehrere Nacherben einsetzbar, aber innerhalb 30 Jahren nach Erbfall muß Nacherbfolge erfolgt sein, sonst unwirksam, jedoch für natürliche Personen zwei Ausnahmen B 2109.

b. Rechte des Vorerben gegenüber denen des Nacherben danach zu beurteilen, was Erblasser mit Nacherbfolge bezweckt; daher gesetzliche Beschränkungen (B 2112 bis 2146), von welchen Erblasser befreien kann.

7. Wegen Vermächtnis vgl. w. u. S. 29.

§ 8. Errichtung. Arten.

I. Formen.

1. Oeffentliches Testament kann vor Amtsgericht

oder Notar (ev. nach L vor einem von beiden ausschließlich) errichtet werden; und zwar: a. Richter und Gerichtsschreiber oder statt dessen zwei Zeugen, b. Notar und zweiter Notar oder statt dessen zwei Zeugen; Ausschließungsgründe B 2234 bis 2237. — Die Errichtung geschieht entweder mündlich, also zu Protokoll [ausschließlich zulässig: für Minderjährige und solche, die Geschriebenes nicht lesen können, z. B. Blinde] oder schriftlich, also durch Uebergabe eines Schriftstückes, gleichviel ob offen oder zu, unter ausdrücklicher Erklärung, daß darin letzter Wille [demnach kein testamentum mysticum mehr: quem heredem codicillis fecero heres esto; — statt mündlicher Erklärung Niederschrift bei am Sprechen Behinderten B 2243]. — Aufnahme eines Protokolls; Bestimmungen über Anwendung einer Fremdsprache. — Amtliches Siegel, Aufschrift; amtliche Verwahrung. Bedeutung der Herausnahme!

2. Holographisches Testament B 2231_2: durch eine von dem Erblasser unter Angabe des Ortes und Tages eigenhändig geschriebene und unterschriebene Erklärung; [code civil a. 970: le testament olographe ne sera point valable s'il n'est écrit en entier, daté et signé de la main du testateur.] Nicht zu verwechseln mit testamentum holographum C 6, 23, 28, 1, welches unter den römischrechtlichen Formen wie gewöhnlich zu vollziehen, aber, da eigenhändig geschrieben, nicht mehr unterschrieben werden braucht. Kann in amtliche Verwahrung gegeben werden, Herausnahme keine Kraftlosigkeit zur Folge.

[Zu 1: wenn Notar Safe nicht hat, dann giebt er das notarielle Testament dem Gerichte zur Verwahrung, Aufgabe zur Post (also nicht-persönliche Uebergabe an den Verwahrungsbeamten) langt.]

3. Außerordentliche Formen.

a. Dorftestament B 2249,

b. Nottestament B 2250,

c. Seetestament B 2251; — für diese drei gilt gemäß B 2252 dreimonatige Frist, nach welcher eventuell Gültigkeit verloren geht. [Testamentum ruri conditum vor fünf Zeugen; testamentum pestis tempore conditum zwar von sieben, aber nicht notwendig alle gleichzeitig.]

d. Soldatentestament gemäß § 44 Reichsmilitärgesetz vom 2. Mai 1874 für alle aktiven Militärpersonen und die den

Kriegsgesetzen unterworfenen Personen; vgl. Grundriß Band 17, S. 2 bis 4. Errichtung von dem Augenblicke des Verlassens der Quartiere an oder wenn sie da angegriffen; Errichtung muß während des Kriegszustandes rc. erfolgen; drei Formen: a. selbst ge- und unterschrieben, Datierung nicht nötig; b. Unterschrift des Testators und Mitunterschrift zweier Zeugen, oder für sie ein Kriegsgerichtsrat, Offizier ev. beim Kranken ein Militärarzt, höherer Lazarettbeamter, Militärgeistlicher; c. mündlich zu Protokoll eines Kriegsgerichtsrats (Offiziers) und vor zwei Zeugen oder für sie ein Kriegsgerichtsrat rc. — Gültigkeitsdauer eventuell ein Jahr.

[Römisches Soldatentestament eingeführt von Cäsar, dann insbesondere seit Titus; Befreiung der Soldaten von den materiellen und formellen Vorschriften, z. B. gilt nicht nemo pro parte rc.; — erst seit Justinian Soldatentestament für den Fall eines Feldzuges. — Zirkularorder Friedrichs des Großen vom 18. Mai 1747 giebt Privilegium nur bezüglich der Form, so geltendes Recht geworden.]

II. Arten. Einzeltestament — gemeinschaftliches Testament. Römisch gemeinschaftliches Testament unbekannt, [nur bei Soldaten]. Deutschrechtlich: Vergabungen von Todeswegen auch wechselseitig, daher nach der Rezeption Wechselseitigkeit auch bei Testamenten, nicht nur für Ehegatten, sondern für jeden, insbesondere Geschwister. Nach französischem Rechte gemeinschaftliches Testament verboten. Nach B 2265 gemeinsch. T. nur von Ehegatten zu errichten, Bedingung: gültige Ehe muß bestehen, daher bei Auflösung oder bei Tod eines Ehegatten nach Klageerhebung auf Scheidung unwirksam. Korrespektiv: die eine Verfügung wegen der andern oder mit Rücksicht auf die andere; daher bei Unwirksamkeit der einen auch Ausfall der anderen. Widerruf!!

§ 9. Eröffnung. Unwirksamkeit.

I. Eröffnung B 2260 durch Nachlaßgericht; ist Testament nicht beim Nachlaßgerichte in Verwahrung, dann dorthin abzuliefern. Protokoll über die Eröffnung; ist Testament aber bei anderem Gerichte, dann Eröffnung durch dieses und Ablieferung an Nachlaßgericht.

II. Römischr. zu unterscheiden: a. testamentum nullum, von Anfang an nichtig, weil Erblasser keine Testierfähigkeit oder weil Formfehler bei Errichtung; b. vorerst gültig, aber dann ungültig geworden, drei Möglichkeiten: testamentum irritum, Testator verliert hinterher die testamentifactio activa; testamentum destitutum, kein Erbe nimmt an; testamentum ruptum, Geburt eines postumus suus. — Nach B kann vorliegen:

α. Nichtigkeit, vollständige Wirkungslosigkeit und Unbedeutsamkeit; in folgenden Fällen: Verstoß gegen zwingende Formvorschriften, ungesetzliche Verfügung z. B. gegen gute Sitten, Fehlen (nicht etwa späterer Verlust) der Testierfähigkeit.

β. Anfechtung: wenn Erblasser in wesentlichem Irrtume sich befunden hat, wenn er von irgend einer Erwartung aus, welche nicht eingetreten ist, verfügt hat, Drohung, Zwang, arglistige Täuschung, Präterition eines Pflichtteilsberechtigten. Anfechtung durch den nächsten Interessenten, d. i. wer unmittelbar aus der Aufhebung des Testamentes Vorteile haben würde; Frist ein Jahr seit Kenntnis.

III. Freie Widerruflichkeit, Verhältnis späterer Testamente zu früheren.

§ 10. Testamentsvollstrecker.

I. Deutschr. Ursprunges: Salmann, Treuhänder, seelwarter, für den Vollzug der Vergabungen von Todeswegen; später heißt er executor ultimarum voluntatum, Testamentsvollstrecker. Gemäß B 2197 bis 2228 zur Sicherung des Vollzuges des Willens des Erblassers, daher „Amt"; keine besondere Vertretung der Interessen des Erben, der Vermächtnisnehmer, auch keine Fürsorge für Nachlaßstücke allein, vielmehr Repräsentant des Erblassers. Ernennung durch letztwillige Verfügung; mehrere gemeinschaftlich; Fähigkeit: jeder Geschäftsfähige; Ausschlagung der Uebernahme des Amtes ohne weiteres statthaft, dem Nachlaßgerichte zu erklären. Eventuell Verwaltung, Besitz; aber immer in erster Linie Ausführung des vom Erblasser erklärten bez. als erklärt gewollten Willens Aufgabe des Testamentsvollstreckers. — Legitimation: Zeugnis des Nachlaßgerichtes. Prozeß; Konkurs; Vollstreckung in den Nachlaß. Haftung des Testamentsvollstreckers gegenüber dem Erben für ordnungsmäßige Verwaltung.

3. Abschnitt:

Erbvertrag.

§ 11. Arten.

I. Dem römischen Rechte fremd, weil Wille des Erblassers frei, daher bis zum Tode widerruflich sein sollte.

II. Deutsch: Mittel zur Adoption eines Erben insbesondere für Erblasser, welcher keinen wartberechtigten Erben hat. Gemächte. Unwiderruflich; wirklicher Vertrag, und zwar ursprünglich bloßer Vermächtnisvertrag (also über einzelne Stücke), später Erbeinsetzungsvertrag (also über das Ganze) zur Ernennung eines Erben. Nach gemeinem Rechte Erbvertrag unwiderruflich, formlos, auch auf einen Teil des Nachlasses. [Unger: „unwiderrufliches Testament"; — etwas paradox.]

III. Nach B ist Erbvertrag der dritte Berufungsgrund; im Erbvertrage liegt jedoch noch nicht Erbschaftsannahme; diese vielmehr erst möglich nach Erbfall.

IV. Arten. Einseitiger Erbvertrag: Erblasser setzt den anderen Kontrahenten als Erben ein. Gemeinschaftlicher Erbvertrag: zwei einseitige Erbverträge rein äußerlich miteinander in Verbindung. — Gegenseitiger Erbvertrag: jeder Kontrahent setzt den anderen zu seinem Erben ein, daher besonders üblich unter Ehegatten, ferner Erbverbrüderung; nicht etwa zwei von einander trennbare Einsetzungen, vielmehr die eine von der anderen abhängig, mithin ohne Wirkung, wenn die andere nichtig. — Erbvertrag zu gunsten Dritter, entweder restitutiv (Vertragserbe hat Erbschaft einem dritten herauszugeben) oder dritter wird (durch das dem Kontrahenten abgegebene Versprechen) eingesetzt. — Unio prolium, Einkindschaftung; — Verpfründung.

V. Abschluß: nur persönlich; Geschäftsfähigkeit der Kontrahenten, aber bei Erbverträgen zwischen Ehegatten oder zwischen Verlobten auch Abschluß durch den beschränkt Geschäftsfähigen, im Falle einer Vormundschaft: Genehmigung des Vormundschaftsgerichtes B 2290.

Derjenige Kontrahent, welcher nicht Testator ist, kann sich vertreten lassen; sonst gleichzeitige Anwesenheit beider Teile, vor Gericht oder Notar. — Ehevertrag, welcher mit Erbvertrag verbunden wird, ohne persönlichen Abschluß möglich, aber öffentlich.

§ 12. Wirksamkeit.

I. Durch den Vertrag lediglich Bindungen wegen der Erbfolge, aber inter vivos keinerlei Einschränkung.

II. Gemäß B 2290 Aufhebung durch Vertrag derjenigen Personen, die den Erbvertrag geschlossen haben; nach dem Tode einer dieser Personen kann die Aufhebung nicht mehr erfolgen. Aufhebung in derselben Form; für Aufhebung von Vermächtnissen oder Auflagen reicht Testament unter Zustimmung des anderen Kontrahenten, für Ehegatten gemeinschaftliches Testament.

III. Rücktritt statthaft, wenn Vorbehalt oder wenn der Bedachte sich so vergangen hat, daß Grund zur Pflichtteilsentziehung vorläge.

IV. Nichtigkeit: Formmangel, Geschäftsunfähigkeit ꝛc., insbesondere noch, wenn Bedachter den Erbfall nicht erlebt.

V. Anfechtung: Irrtum, Drohung, Täuschung, Pflichtteilsverletzung. Berechtigt anzufechten ist Erblasser binnen einem Jahre seit Kenntnis.

VI. Schenkung auf den Todesfall.

VII. Erbverzicht, vom B an eine ganz andere Stelle gesetzt, B 2346 bis 2352.

2. Kapitel:

Erbschaftserwerb und seine Folgen.

§ 13. Anfall. Annahme.

I. Römisch. Mit der Berufung ist Möglichkeit für Antretung bezw. Ausschlagung gegeben; spatium deliberandi. — Antritt formlos erklärt (aditio) oder durch konkludentes Schweigen (pro herede gestio) oder in aller Form vor Zeugen (Cretion: eam hereditatem adeo cernoque; abgeschafft durch Arcadius und Honorius). — Etwas ganz Besonderes für heredes necessarii [Ausnahme nur, wenn Erblasser ausdrücklich zuschreibt: filius heres esto, si volet]: diese necessarii [nämlich a. sui, b. necessarii i. e. S. (Sklaven)] erwerben von selbst ohne Antritt; um sich vor Nachteilen zu schützen, kann der suus sich von der Erbschaft lossagen (beneficium abstinendi); Sklaven dagegen müssen antreten, insbesondere um ihren Herrn von der Schande des Erbschaftskonkurses zu befreien; aber nur Haftung mit der Erbschaft durch Absonderung des freien Erwerbes. —

Durch den Prätor wird bonorum possessio gegeben (edictalis — decretalis); auch provisorisch; ferner missio in possessionem, (diese jedoch keine bonorum possessio).

Das Recht aus der Berufung nur für die Person des Delaten; wenn er vor Erwerb stirbt, dann Delation aufgehoben. Ausnahmen hiervon die sog. Transmissionen: 1. transmissio ex capite in integrum restitutionis, unverschuldete Versäumung des Antritts; 2. durch Theodosius II. und Valentinian III. transmissio ex capite infantiae für Vater eines in der infantia versterbenden Kindes; 3. transmissio Theodosiana für die Descendenten eines eingesetzten, vor Testamentseröffnung versterbenden Descendenten [weil nämlich wegen lex Julia de vicesima hereditatum kein Antritt vor Testamentseröffnung]; 4. transmissio Justinianea wenn Delat noch in Deliberationsfrist oder in einem Jahre seit Kenntnis von Delation stirbt, dann Rest der Frist für seine Erben. — [Transmissio ex capite suitatis, aber selbstverständlich, weil suus sofort erwirbt ohne Antritt; — dann noch für Vater bei Ablehnung einer Erbschaft des Hauskindes, transmissio ex iure patrio.]

II. Deutsch. Hausgemeinschaft Grundlage des Erbrechts, daher Anfall ipso iure. Später: der Tote erbt (d. h. macht zum Erben, also transitives Zeitwort) den Lebendigen, le mort saisit le vif. Allerdings Frist bis zum dreißigsten Tage nach dem Tode zu Gunsten der Witwe bez. des Haushaltes.

III. Nach B keine hereditas iacens; Anfall von Rechtswegen; gleichviel aus welchem Berufungsgrunde. Jeder Erbe darf ausschlagen, ausgenommen der Fiskus als gesetzlicher Erbe [wohl aber als Testamentserbe]. Ausschlagung nur binnen sechs Wochen B 1944, in öffentlich beglaubigter Form gegenüber dem Nachlaßgerichte zu erklären. Annahme oder Ausschlagung immer nur für das Ganze, ohne Bedingung oder Befristung. Ausschlagungsrecht vererblich; ferner für den Fall der Ausschlagung: der ausschlagende Erbe gilt als nicht vorhanden. Anfechtung der Ausschlagung sowie der Versäumung der Ausschlagungsfrist.

Bis zur Annahme Fürsorge für den Nachlaß durch das Nachlaßgericht B 1960. — Nachlaßpflegschaft.

§ 14. Aufhebung.

I. Römisch. 1. Kaduzität, nach der lex Julia caducaria fällt dasjenige, was der Eingesetzte nicht erworben hat, ohne indessen, daß das Testament wegfällt, als caducum an den Substituten, ev. Accrescenz an Miterben ꝛc., ev. an Fiskus; seit Caracalla ausschließlich an Fiskus. — 2. Ereption, wenn Erbe unwürdig (indignus), alles an Fiskus; Fälle der Indignität: Verstöße gegen SC. Silani anum, Zwang gegen Erblasser, fideicommissum tacitum in fraudem iuris, Abschließung eines Erbschaftsvertrages ohne Zustimmung des Erblassers.

II. Nach B keine Erbunfähigkeit, vielmehr nur eine durch Anfechtung geltend zu machende Erbunwürdigkeit, welche nur relativ sein kann. Gemäß B 2339 ist erbunwürdig: 1. der Mörder des Erblassers ꝛc. 2. wer den Erblasser an Verfügung von Todeswegen gehindert, 3. Täuschung und Drohung, 4. Urkundenfälschung nach S 267 bis 274. — Falls Verzeihung des Erblassers, dann Anfechtung ausgeschlossen.

2. Abschnitt:

Miterben.

§ 15. Verhältnis zu einander.

I. Römisch. Miterben unter einander in communio incidens; jeder hat bestimmten Teil. Recht auf Teilung actio familiae herciscundae.

II. Deutsch. Ueberlebender Gatte mit Kindern im ungeteilten Besitze; — Beisitz der Witwe; Verfangenschaftsrecht [Endemann: für Kinder am Erbgute; Huber: eheliches Gut, dem Erbenwartrechte unterliegend].

Gemeinschaft zur gesamten Hand (Gierke): Hände bei dem Erwerbe sowie bei jeder Verfügung miteinander verschlungen, von diesem Symbole „gesamte Hand.“ Miterben heißen Ganerben [geaneroo, ge anerbe]. „Auf Gedeih und Verderb zusammen.“ Bei Teilung teilt der Aeltere, der Jüngere wählt.

III. Nach B 2032, 1922 geht der ganze Nachlaß als gemeinschaftliches Vermögen auf die Miterben über, alle nach außen hin nur gemeinschaftlich verfügungsberechtigt. Jeder hat freie Verfügung über seinen Anteil, aber die übrigen gemäß B 2034 vorkaufsberechtigt, Frist zwei Monate.

§ 16. Ausgleichung. Teilung.

I. Auseinandersetzung. Solange Unbestimmtheit der Erbteile nach B 2043, Auseinandersetzung ausgeschlossen; ferner nach B 2044 Ausschluß der Auseinandersetzung auf dreißig Jahre möglich; — Erblasser kann auch besondere Vorschriften über die Auseinandersetzung geben. Sonst Auseinandersetzung durch Vereinbarung vor dem Nachlaßgerichte, freiwillige Gerichtsbarkeit; [römisch: actio familiae herciscundae, Richter teilt zu, ius adiudicandi]; keine Entscheidung von Streitigkeiten durch Nachlaßgericht, weil eben nur freie Vereinbarung, vielmehr Entscheidung durch Prozeß.

II. Ausgleichung (Kollation, von confero).

1. Römisch. Seitdem emancipati neben sui erben (durch Prätor), müssen sie als Intestaterben den Erwerb, welchen sie als sui hätten einwerfen müssen, hier einwerfen, collatio emancipatorum. Ferner hat die ab intestato erbende sua ihre dos gegenüber den Geschwistern zu conferieren, collatio dotis. — Später: alle Descendenten haben gegenüber allen Descendenten, gleichviel ob Erbschaft mit oder ohne Testament [so seit Justinian; befreit sind nur die Enkel, welche ohne ein Testament nicht geerbt hätten], folgende Liberalitäten des Erblassers zu conferieren: dos, propter nuptias donatio, militia, ev. auch andere Schenkungen. — Aut re aut cautione facienda collatio est.

2. Deutsch. Kein Einwerfen der Vorempfänge, vielmehr erhält jeder den Voraus nachgezahlt, Rest der Erbschaft wird geteilt. Nur Abkömmlinge haben auszugleichen.

3. Nach B 2050 ff. kommt es vor allem auf den Willen des Zuwendenden (des späteren Erblassers) an, ob Zuwendung zu conferieren. Verpflichtet zur Ausgleichung alle Abkömmlinge, wenn sie Intestaterben sind; berechtigt, Ausgleichung zu verlangen, sind die Abkömmlinge als Miterben. Gegenstand: „was sie von dem Erblasser bei dessen Lebzeiten als Ausstattung erhalten haben;" Begriff der Ausstattung B 1624; vgl. damit und dagegen Aussteuer B 1620.

3. Abschnitt:

Haftung der Erben.

§ 17. Geschichtliche Entwickelung.

I. Römisch.

1. Ursprünglich eine Beschränkung der Schulden des Erblassers auf die Erbschaft nicht möglich, weil Erbe Person fortgesetzt, daher notwendig auch in Schulden eintritt; hereditatis appellatio sine dubio continet etiam damnosam hereditatem. — Nur durch Ausschlagung kann Erbe sich von Erbschaft und von deren Schulden befreien. [Zeigt sich Ueberschuldung nach dem Erwerbe, dann in integrum restitutio seit Hadrian möglich;

für Soldaten Restitution durch Gordian gesetzlich gewährt; wegen der Sklaven vgl. w. o. S. 18.]

2. Erbe kann mit Erbschaftsgläubigern Vertrag abschließen; wonach er Erbschaft annimmt, aber für Schulden nur in bestimmter Höhe haftet ev. diese ihm zum Teile auch erlassen werden. Damit alle Gläubiger diesen Vertrag abschließen, gerichtliche Ladung; Mehrheitsbeschluß bindet die anderen Gläubiger.

3. Seit Justinian beneficium inventarii: sofort antretender Erbe haftet nur mit Erbschaft, wenn er binnen 30 Tagen Inventar beginnt und in weiteren 60 Tagen vollendet. Bittet Erbe um Deliberationsfrist, anstatt anzutreten, dann Haftung nicht auf Erbschaft beschränkt. Bei Verdacht unrichtigen Inventars können Gläubiger vom Erben Eid verlangen, daß redlich inventarisiert; [daher kommt Manifestationseid].

4. Gegenstück zu 3 ist Separation [„beneficium separationis" nicht in den Quellen so genannt]: jeder Gläubiger kann beim Prätor Dekret verlangen, wenn bei Ueberschuldung des Erbvermögens durch Vereinigung beider Massen die Forderungen an den Nachlaß gefährdet erschienen. Separation nach erfolgter Vereinigung ausgeschlossen; sonst Frist 5 Jahre.

II. Deutsch. Ursprünglich Untergang der Schulden mit dem Tode des Schuldners; allmählich einzelne Schuldverhältnisse vererblich. — Im Sachsenspiegel überhaupt keine Haftung für Spiel- und Deliktschulden (beide unvererblich), wohl aber sonst Haftung, jedoch nur mit Fahrhabe. — Später: „wer erbt, der zahlt," aber nur in Höhe des Nachlasses; Schulden werden vorab bezahlt; — Schuldenruf (Anmeldefrist für Gläubiger &c.).

III. Nach A. L. R. nur dann unbeschränkte Haftung, wenn Erbe gesetzliche Inventarfrist versäumt oder ausdrücklich auf den gesetzlichen Vorbehalt beschränkter Haftung verzichtet. — Nach code civil a. 793 Erbe immer unbeschränkte Haftung, nur dann beschränkt, wenn gerichtlich Inventar; [hier also muß Erbe besonders erklären, daß er beschränkt haften wolle; nach A. L. R. hingegen gilt als Regel die beschränkte Haftung].

§ 18. Arten der Haftung.

I. Gegenstand der Haftung B 1967: Nachlaßverbindlichkeiten, das sind: 1. Schulden des Erblassers, 2. Schulden des Erben als solchen, z. B. aus Pflichtteil, Vermächtnis, Auflage, ferner 3. standesmäßige Beerdigung des Erblassers,

4. Gewährung von Unterhalt 30 Tage lang, genau wie der Erblasser es gethan hat.

II. Zeitweilige Haftungsbefreiung. Aufschiebende Einrede gegenüber jeder Nachlaßverbindlichkeit B 2014 bis 2017: 1. bis zur Inventarerrichtung, aber höchstens 3 Monate seit Annahme der Erbschaft; 2. bis zur Beendigung des Aufgebotsverfahrens, wenn Erbe innerhalb eines Jahres seit Annahme den Antrag auf Aufgebot der Nachlaßgläubiger (vgl. B 1970 bis 1974) gestellt hat und dieser Antrag zugelassen ist.

III. Beschränkte Haftung:

1. nur persönliche Haftung mit dem Ueberschusse für zwei Kategorien der Gläubiger, nämlich: a. solche, die im Aufgebotsverfahren nicht sich gemeldet haben, b. welche sich fünf Jahre nach Erbfall melden;

2. überhaupt beschränkt auf den Nachlaß in zwei Fällen: a. Nachlaßverwaltung durch gerichtlich bestellten Pfleger B 1981 bis 1990, b. Nachlaßkonkurs B 1980, K 214 bis 236. Vgl. Grundriß Band 10.

IV. Wenn ein Erbe unbeschränkt haftet, dann ist die Anwendung von II und III überhaupt ausgeschlossen.

V. Nach B 1993 kein beneficium inventarii mehr, sondern: der Erbe ist berechtigt, ein Inventar beim Nachlaßgerichte einzureichen; dieses Einreichen heißt „Inventarerrichtung". Auf Antrag eines Nachlaßgläubigers kann Gericht Frist (mindestens 1, höchstens 3 Monat) bestimmen; versäumt Erbe diese Inventarfrist, dann unbeschränkte Haftung, aber B 1996 bis 2000. — Verletzungen der Inventarpflicht!

§ 19. Haftung von Miterben.

I. Vor der Teilung: zunächst Berichtigung der Nachlaßverbindlichkeiten B 2046; zur Ermittelung der Nachlaßgläubiger entweder Aufgebotsverfahren oder öffentliche Aufforderung an die Nachlaßgläubiger (B 2061); [jedoch ergeht diese öffentliche Aufforderung immer nur seitens eines Miterben B 2061]. — Erben haften für die gemeinschaftlichen Nachlaßverbindlichkeiten als Gesamtschuldner B 2058, ferner B 2059.

II. Nach der Teilung: ohne weiteres solidarische Haftung; nur dann in Höhe des seinem Erbteile entsprechenden Teiles der Verbindlichkeiten, wenn: a. Gläubiger im Aufgebotsverfahren ausgeschlossen ist, b. Gläubiger seine Forderung erst 5 Jahre nach Erbfall geltend macht, [Ausnahme: α. er ist dem Miterben bekannt, β. er hat sich im Aufgebote gemeldet, γ. Gläubiger gehört zu den in B 1971 Genannten], c. Nachlaßkonkurs.

III. Nachlaßverwaltung nur vor Teilung möglich, erfolgt nur auf gemeinschaftlichen Antrag aller Miterben.

IV. Wirkung der Inventarerrichtung B 2063.

4. Abschnitt:

Erbschaftsanspruch.

§ 20. Römischer Erbenschutz.

I. Allgemeine Schutzmaßregeln.

1. Herausgabe des Testaments ist Verpflichtung eines jeden Besitzers der Urkunde, ev. bei dolus harte Strafe nach lex Cornelia de falsis. — Wer Interesse an Vorlegung hat, interdictum de tabulis exhibendis.

2. Gerichtliche Sorge für den Nachlaß, Beschlagnahme, Versiegelung. — Possessorischer Schutz durch interdictum quorum bonorum (ein interdictum apiscendae possessionis, vgl. Grundriß Band 3, S. 6). 3. Prätorische Missionen (Einweisungen): missio ex lege ultima de edicto divi Hadriani tollendo aus äußerlich fehlerfreiem Testamente, (dasselbe gilt für den Intestaterben); missio ex Carboniano edicto wird dem Unmündigen gegen Kaution gewährt; missio furiosi nomine für den Geisteskranken durch gerichtliche Erklärung seitens seines Vormundes; missio ventris nomine für das Kind im Mutterleibe; missio secundum tabulas für den unter einer Bedingung eingesetzten Erben.

II. Erbschaftsklage, hereditatis petitio [Formel nach Lenel: si paret hereditatem q. d. a. ex jure Quiritium A^i esse, quidquid N^s ex ea hereditate pro herede aut pro possessore possidet, si arbitrio tuo id A^o non restituetur, quanti ea res erit tantam pecuniam N^m A^o c. s. n. p. a.]. Dingliche Universalklage, vindicatio hereditatis, in rem actio de universitate. — Kläger der Erbe: Zivil-, prätorischer, Testaments-, Intestat-, alleiniger, Miterbe. Auch der Universalfideikommissar, ev. der Fiskus. — Beklagter: der Besitzer pro herede, also als angeblicher Erbe, Erbschaftskäufer 2c.; der Besitzer pro possessore, also ohne sichtlichen Rechtsgrund; ferner noch der Nichtbesitzer, fictus possessor, in zwei Fällen, nämlich qui dolo desiit possidere (Aufgabe des Besitzes vor Prozeßbeginn, ante litem contestatam) und qui liti se obtulit. — Klage geht auf den Nachlaß, herauszugeben ist omne lucrum, der unredliche und der redliche Besitzer haben die bereits verzehrten Früchte, durch welche sie bereichert sind, herauszugeben, — vom Prozeßbeginne an vertritt der redliche Besitzer omnis culpa, der unredliche sogar casus; der redliche erhält alle Verwendungen ersetzt bezw. hat er Retention, der unredliche notwendige und nützliche. [Alle diese Einzelheiten bestimmt ein infolge einer oratio Hadrians am 14. März 129 erlassenes Senatskonsult, welches man später nach P. Juventius Celsus, einem der Konsuln von 129, SC. Iuventianum genannt hat.]

III. Singularklagen des Erben als Gläubiger der Forderungen des Erblassers und als Eigentümer der Erbschaftssachen.

§ 21. Erbschaftsanspruch.

Klage des Erben auf Anerkennung seines Erbrechtes und Auslieferung der Erbschaft. — Kläger der Erbe; ev. auch der irrtümlich für tot Erklärte. — Beklagter B 2018 ist der Erbschaftsbesitzer, d. h. jeder, der auf Grund eines ihm in Wirklichkeit nicht zustehenden Erbrechtes etwas aus der Erbschaft erlangt hat; [Leonhard: Erbschaftsbesitz ist Sachbesitz; Endemann: Vermögensgegenstände jeder Art, z. B. Forderungen, dingliche Rechte.] Erbschaftsbesitzer muß Besitz für sich in Anspruch nehmen; kein fictus possessor. — Anspruch geht auch auf das mit Mitteln der Erbschaft rechtsgeschäftlich Erlangte; Herausgabe aller Nutzungen, selbst der eigentümlich erworbenen Früchte. Redlicher Besitzer haftet erst seit Klageerhebung B 2023, der unredliche Besitzer schon vorher so. — Verjährung dreißig Jahre.

Pflicht zur Auskunftserteilung seitens des Erbschaftsbesitzers B 2027_1, seitens des Besitzers einer Nachlaßsache B 2027_2, seitens der Hausangehörigen des Erblassers B 2028.

§ 22. Erbschein.

I. Preußisches Gesetz vom 12. März 1869 betreffend die Ausstellung gerichtlicher Erbbescheinigungen; [von dem pp. Nachlaßgerichte wird bescheinigt, daß als alleinige gesetzliche Erben des am ꝛc. zu ꝛc. angeblich testamentslos verstorbenen ꝛc. 1. dessen Ehefrau pp., 2. dessen Kinder pp. sich legitimiert haben ꝛc.].

II. Gemäß B 2353 hat das Nachlaßgericht auf Antrag des Erben ein Zeugnis über das Erbrecht auszustellen, bei Miterben über die Größe des Erbteils; — Nachweisung seitens des Antragstellers 2c. B 2354 bis 2360. Erbschein berechtigt zur Vornahme aller Handlungen wie ein Erbe; Vermutung nach B 2365, daß demjenigen, welcher im Erbscheine als Erbe genannt ist, das im Erbscheine angegebene Erbrecht zustehe, und daß er nicht anders als wie angegeben beschränkt sei. B 2366 bis 2370.

3. Kapitel:

Pflichtteil.

§ 23. Römisches Recht.

I. Gemäß XII Tafeln vollkommene Testierfreiheit: uti legassit suae rei, ita ius esto; aber Einschränkung durch formelles Noterbrecht. Erblasser darf seine sui nicht übergehen (Präterition); entweder Einsetzung oder förmliche Enterbung, für letztere keine Begründung erfordert. Exheredatio im Testamente ausdrücklich, und zwar bei Söhnen nominatim, z. B. Titius exheres esto, — bei Töchtern und Enkeln exheredatio inter ceteros zulässig, also ceteri exheredes sunto.

II. Durch Prätor Intestaterben unde liberi unbedingt einsetzungsberechtigt; Söhne und Enkel nominatim zu enterben; bonorum possessio contra tabulas.

III. Materielles Noterbrecht: im Gegensatze zum formellen kommt es hier nicht auf die Nennung des Namens, sondern auf die Höhe des Vermachten an, nur aus besonderen Gründen Ausschließung statthaft. In der Praxis des Zentumviralgerichtes: querella inofficiosi testamenti für den Fall, daß Erblasser zu Unrecht einen Pflichtteilsberechtigten enterbt, übergangen oder zu gering bedacht hat; Annahme, der Erblasser sei — ausgerechnet mit Beziehung hierauf allein — quasi non sanae mentis. Pflichtteilsberechtigt: intestaterbberechtigte Descendenten, Ascendenten, vollbürtige Geschwister und consanguinei; [vgl. Grundriß Band 4, S. 3]. Anspruch (portio legitima) auf ein Viertel des Intestaterbteils. Wenn nicht vollständig Pflichtteil ausgesetzt war, dann zur Ergänzung actio ad supplendam legitimam. [Pflichtteil darf keine onerose Beschränkung haben; aber nach dem Gutachten des Marianus Socinus aus Siena † 1556, (cautela Socini) kann Erblasser mehr als Pflichtteil mit Belastung zuwenden und Erbe hat dann die Wahl.]

IV. Durch Justinian in Novelle 115 vom Jahre 542: Descendenten und Ascendenten müssen sich gegenseitig einsetzen, aber Betrag des Pflichtteils (ein Drittel, bei mehr als vier die Hälfte der Intestatportion) kann anderweitig gedeckt sein; Zuwiderhandlungen Nichtigkeit der Einsetzungen des Testamentes. Enterbung nur zulässig, wenn einer der von Justinian angegebenen Enterbungsgründe im Testamente angeführt ist und vom Erben bewiesen wird. [Gegen Descendenten vierzehn Gründe. Thätlichkeit, schwere Beleidigung, Giftmischerbande, Schauspieler, Hurerei der Tochter (aber entschuldigt, wenn Eltern bis zum 25. Jahre nicht für anderen Beruf sorgten), Ketzerei, Lebensnachstellung ꝛc. — Gegen Ascendenten acht Gründe: Lebensnachstellung, Ketzerei, Vernachlässigung in Geisteskrankheit ꝛc.]

V. Streitig insbesondere:

1. Verhältnis der Novelle zum alten Rechte: nebeneinander (Additional-, Korrektionssystem) oder Aufhebung des alten Rechtes (Derogations- oder Reformsystem);

2. bei Verstoß gegen Novelle: welche Folge trifft die Erbeinsetzung? a. Nullitätssystem: Nichtigkeit, und zwar entweder absolut oder relativ; — b. Inoffiziositätssystem: Anfechtung durch querella; — c. gemischtes System: ist überhaupt kein Grund angeführt, dann Nichtigkeit, ist Grund unwahr, dann querella.

§ 24. Pflichtteilsanspruch.

I. Nach B 2303 Pflichtteilsanspruch gegen den Erben seitens der ausgeschlossenen Abkömmlinge, Eltern, des Ehegatten. Anspruch geht auf Hälfte des Wertes des gesetzlichen Erbteiles, mithin Geldanspruch; Einsetzung liegt im Zweifel gemäß B 2304 nicht vor, wenn Pflichtteil zugewendet wird.

II. Pflichtteil darf nicht beschränkt oder beschwert sein, sodaß die Hälfte des gesetzlichen Erbteiles immer von Lasten frei ist; B 2306.

III. Verjährung in drei Jahren seit Kenntnis vom Erbfalle und der Pflichtteilsberechtigten beeinträchtigenden Verfügung; allgemeine Ausschlußfrist dreißig Jahre.

IV. Kein Pflichtteil, wenn vorher Erbverzicht.

V. Pflichtteil wird entzogen durch Verfügung des Erblassers, nicht aber gesetzliche Erbunwürdigkeit. Entziehung nur möglich durch letztwillige Verfügung B 2336, in welcher der Grund angegeben sein muß; Verzeihung beseitigt das Entziehungsrecht. — Enterbung der Abkömmlinge aus fünf Gründen: 1. Lebensnachstellung, 2. vorsätzliche Körperverletzung des Erblassers bezw. seines Ehegatten, 3. schweres vorsätzliches Vergehen oder ein Verbrechen gegen Erblasser oder dessen Ehegatten, 4. böswillige Verletzung der gesetzlichen Unterhaltspflicht gegenüber dem Erblasser, 5. ehrloser oder unsittlicher Lebenswandel gegen den Willen des Erblassers. — Dem Vater oder der Mutter Entziehung aus den unter 1, 3, 4 angegebenen Gründen. — Entziehung des Pflichtteils gegenüber dem Ehegatten aus Gründen, welche gemäß B 1565 bis 1568 zur Ehescheidung berechtigen; [vgl. Grundriß Band 4, S. 16]. — B 2338.

4. Kapitel:

Vermächtnis.

§ 25. Legat und Fideikommiß.

I. Arten der Legate: a. legatum per vindicationem giebt quiritarisches Eigentum; b. legatum per damnationem verpflichtet den Erben persönlich; c. legatum sinendi modo relictum verpflichtet den Erben zur Duldung der Wegnahme einer Sache; d. legatum per praeceptionem, Zuwendung an einen Miterben (Sabinianer) oder (nach späterer Ansicht) ein Vindikationslegat an Nichterben. Für alle besondere Wortformeln; durch SC. Neronianum soll jedes Legat immer — wenn sonst möglich — als Damnationslegat auch bei Außerachtlassung der Form gelten; seit Konstantins Söhnen bestimmte Worte nicht mehr erforderlich; seit Justinian giebt jedes Legat ohne Rücksicht auf Form sowohl persönlich wie dinglich. Dies legati cedit; dies legati venit. Cautio legatorum servandorum causa, bei Verweigerung erfolgt missio in possessionem legatorum servandorum causa. Missio Antoniniana.

II. Beschränkungen. Durch lex Furia testamentaria verboten, mehr als tausend As als Legat anzunehmen, bei Strafe des Vierfachen. Durch lex Voconia verboten mehr anzunehmen, als dem Erben nach Abrechnung der Vermächtnisse bleibt. Durch lex Falcidia verboten, mehr als drei Viertel zu vermachen, mindestens ein Viertel (quarta Falcidia) muß dem Erben frei von Legaten bleiben.

III. Unterschied zwischen Legat und Fideikommiß: a. Legat nur für solche Personen, welche testamenti factio haben, —

Fideikommiß weiter; b. Legat nur dem Testamentserben aufzuerlegen, — Fideikommiß auch gesetzlichem Erben, Legatar rc.; c. Legat in bestimmten befehlenden Worten, — Fideikommiß bittweise, auch durch Zeichen; d. Legat nur im Testamente, — Fideikommiß auch in Kodizillen (hierfür durch Theodosius II. Zuziehung von fünf Zeugen vorgeschrieben). Seit 531 (Justinian) beide miteinander verschmolzen. — Oralfideikommiß; Kalumnieneid.

IV. Universalfideikommiß: heres fiduciarius, Vorerbe hat die Erbschaft ganz oder zu einer Quote an den heres fideicommissarius, Nacherben herauszugeben; ursprünglich venditio nummo uno, später durch S C. Trebellianum Fideikommissar wie ein Erbe behandelt. Durch S C. Pegasianum Erbe zum Antritt gezwungen, aber dafür bei freiwilligem Antritte Zubilligung der Quart. Durch Justinian gilt Universalfideikommissar als Erbe, soweit er den Nachlaß erhalten hat.

§ 26. Vermächtnis.

I. Erblasser kann ein Vermächtnis dem Erben, einem oder allen Miterben, einem Vermächtnisnehmer auferlegen. — Auch zu Gunsten noch nicht vorhandener Personen; ist Vermächtnis unter aufschiebender Bedingung oder mit Termin angeordnet, dann in 30 Jahren erloschen B 2162; aber B 2163. — Vorausvermächtnis (Prälegat).

II. Gegenstand des Vermächtnisses: alles, was zum Vorteile des Bedachten sein kann. Ist eine dem Erblasser nicht gehörige Sache vermacht, dann hat Erbe sie zu verschaffen. — Wahlvermächtnis; Alternativvermächtnis. Gattungsvermächtnis. — Besonderes gilt bei dem Vermächtnis einer Forderung.

III. Vermächtnis ungültig bei Wegfall der letztwilligen Verfügung, in welcher es angeordnet worden ist, ferner bei Widerruf; [jedoch bei vertragsmäßigen Verfügungen nur unter den besonderen Voraussetzungen.]

IV. Mit dem Anfalle des Vermächtnisses entsteht die Forderung des Vermächtnisnehmers gemäß B 2176; aber B 2177 und 2178. — Ausschlagungsrecht.

FSC
www.fsc.org
MIX
Papier | Fördert
gute Waldnutzung
FSC® C083411

Kolibri 360 GmbH
Ferdinand-Jühlke-Straße 7
99095 Erfurt, Deutschland
produktsicherheit@kolibri360.de